De Anne, Alex, Vincent
et Jean-Pierre
à
Catherine

25/12/94

LA MAISON TRUQUÉE

CAROLINE MEROLA

LA MAISON TRUQUÉE

KAMI CASE

L'auteur tient à remercier le ministère des Affaires culturelles
pour l'appui apporté à la réalisation de ce projet.

Diffusion au Canada : Dimedia
Distribution en Europe : Les Éditions du Seuil

Données de catalogage avant publication (Canada)

Merola, Caroline

La Maison truquée

Bandes dessinées.
Pour les jeunes.

ISBN 2-9801105-6-6

I. Titre.

PN6734.M34   1994   j741.5'971   C94-940341-5

© Les Éditions Kami-Case
4447, rue Saint-Denis
Montréal (Québec) H2J 2L2

Dépôt légal : 1er trimestre 1994
Bibliothèque nationale du Québec
Bibliothèque nationale du Canada

PRESQUE TOUS LES JOURS JE PASSE
DEVANT CETTE GRANDE MAISON.

À CHAQUE FOIS, JE JETTE UN COUP D'OEIL À L'INTÉ-
RIEUR. JE N'AI PAS ENCORE VU LES NOUVEAUX OCCUPANTS.

CE SOIR, JE VAIS CHEZ LES WILLIAMS. ILS
SAVENT PEUT-ÊTRE QUELQUE CHOSE.

C'EST VRAIMENT
UNE BELLE MAISON.

IL PARAÎT QU'IL Y A
UN BÉBÉ.
J'IRAI SÛREMENT LE
GARDER UN JOUR.

J'AI DE BONNES RÉFÉRENCES; J'AI GARDÉ LES ENFANTS DE PRESQUE TOUTES LES FAMILLES DU QUARTIER.

ILS PEUVENT ME FAIRE CONFIANCE.... ENFIN... JUSQU'À UN CERTAIN POINT.

CAR TOUT LE MONDE A SES SECRETS. PARFOIS DE PETITS SECRETS INSIGNIFIANTS, PARFOIS D'AUTRES, PLUS IMPORTANTS...

JUSQU'ICI, JE N'AI RIEN TROUVÉ D'EXTRAORDINAIRE, MAIS J'EN SAIS BEAUCOUP SUR BIEN DES PARENTS. PLUS QUE CE QU'ILS NE LAISSENT PARAÎTRE. C'EST TOUJOURS PASSIONNANT.

J'ESPÈRE CONTINUER À M'OCCUPER DES ENFANTS DES AUTRES LONGTEMPS. LE PLUS DRÔLE C'EST QUE LES ENFANTS M'ÉNERVENT UN PEU.

CES TEMPS-CI, TU VAS GARDER PRESQUE TOUS LES SOIRS. LE LENDEMAIN, À L'ÉCOLE, TU ES FATIGUÉE...

TU PRENDS LE TEMPS D'ÉTUDIER AU MOINS?

MAIS OUI, M'MAN...

TU ES RENTRÉE TARD, HIER, PAULINE?

HM...

CE SOIR, LE NOUVEAU LOCATAIRE ARRIVE...

HM...

LE NOUVEAU LOCATAIRE! S'IL ÉTAIT AUSSI DIS-CRET ET ENNUYEUX QUE LE VIEUX HÉTU QUI VENAIT DE PARTIR, ÇA NE ME DÉRANGEAIT PAS BEAUCOUP...

SMIC!

BONNE JOURNÉE, M'MAN!

CE SOIR, JE SUIS RETOURNÉE CHEZ LES WILLIAMS. COMME C'EST VENDREDI, ILS SONT RENTRÉS PLUS TARD. J'AI PU TERMINER LA LECTURE DU JOURNAL INTIME DE MADAME WILLIAMS. JE SOUHAITE POUR ELLE QUE SON MARI NE L'AIT JAMAIS LU. À MOINS D'AVOIR L'ESPRIT TRÈS OUVERT, IL RISQUE-RAIT D'ÊTRE VEXÉ.

LE STYLE M'A TOUT DE MÊME PLU. COMPARÉ AUX "VIDÉOS D'ART" DE M. GAGNON, C'EST TRÈS ORIGINAL...
C'EST SURTOUT TRÈS DIVERTISSANT.

JE SUIS RENTRÉE PASSÉ MINUIT...

LES VALISES DU LOCATAIRE...

ÎL A BEAUCOUP DE LIVRES...!

CRiik!

BOM!

CETTE NUIT, J'AI FAIT UN RÊVE...

SANS ÊTRE VRAIMENT UN CAUCHEMAR, C'ÉTAIT UN RÊVE ÉNERVANT. J'ÉTAIS DANS LA GRANDE MAISON DES NOUVEAUX VOISINS ET ON SONNAIT À LA PORTE. JE DESCENDAIS POUR ALLER OUVRIR MAIS J'AVAIS L'IMPRESSION BIZARRE QUE TOUT EN ME DIRIGEANT VERS LE BAS, JE MONTAIS PLUTÔT.

CRIIIK!

JE ME SUIS ALORS APERÇUE QUE J'ÉTAIS MONTÉE TRÈS HAUT.

JE NE POUVAIS ALLER PLUS LOIN CAR L'ESCALIER SE TERMINAIT ICI ET QUELQU'UN DERRIÈRE MOI MONTAIT LES MARCHES.

QUELQU'UN QUE JE NE DEVAIS PAS RENCONTRER...

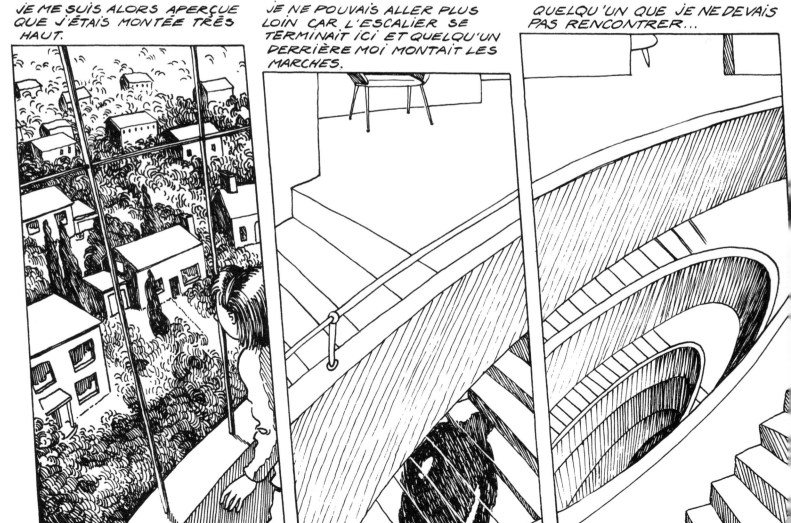

ET PUIS, IL Y AVAIT UN BÉBÉ
QUI PLEURAIT.

J'AI OUVERT UNE FENÊTRE...

BOUM!

LE LENDEMAIN, SAMEDI, JE SUIS ALLÉE ME PROMENER AVEC ALEX ET SON CHIEN. ON EST PASSÉS DEVANT LA MAISON - C'EST LE CAS DE LE DIRE - DE MES RÊVES...

BONJOUR, PAULINE.

TU HABITES LA PETITE MAISON PRÈS DE L'EAU, N'EST-CE PAS ?

OUI.

J'AI SU QUE TU T'OCCUPAIS DES ENFANTS À L'OCCASION. POURRAIS-TU VENIR GARDER FRANCK, CE SOIR ? NOUS SORTONS MON MARI ET MOI.

JE NE ME SOUVIENS PLUS DE CE QUE J'AI RÉPONDU, TELLEMENT J'ÉTAIS EXCITÉE. D'APRÈS ALEX J'AI EU L'AIR BIZARRE. TOUJOURS EST-IL QUE LE SOIR MÊME JE DEVAIS ME PRÉSENTER À 8 HEURES. MON DIEU ! J'ALLAIS AVOIR CETTE GRANDE MAISON À MOI TOUTE SEULE !...

14

PAULINE?

PAULINE? C'EST MAMAN. J'AI DES GÂTEAUX...

BON, ENCORE PARTIE POUR LA SOIRÉE...

TU VIS TOUTE SEULE AVEC TA MÈRE?

OUI. EUH... NON, ON A UN LOCATAIRE. UN NOUVEAU D'AILLEURS.

UN LOCATAIRE... ET... TA MÈRE TRAVAILLE?

OUI, TOUTE LA SEMAINE DANS UNE PÂTISSERIE.

ET BIEN, ON TE LAISSE. TU TE DÉBROUILLERAS ?

MAIS OUI, PARFAITEMENT.

VONT-ILS ENFIN PARTIR ?

C'EST BIZARRE, ILS N'ONT PAS L'AIR DE ROULER SUR L'OR. POURTANT... JE N'AI PAS PU ME TROMPER...

MOI, TU SAIS, ÉMILIE...

ENFIN, ELLE SEMBLE ÊTRE DEVENUE UNE BONNE FILLE. JE CROIS QU'ON POUVAIT LUI CONFIER FRANK...

TOUT SEMBLE IMPECCABLE... POURTANT ILS VIENNENT JUSTE D'EMMÉNAGER...

TOI, VIENS AVEC MOI, ON VA FAIRE LE TOUR DE LA MAISON.

LA MAISON ÉTAIT SI VASTE QUE J'ÉTAIS PARFOIS DÉSORIENTÉE.

J'AI OUVERT TOUS LES TIROIRS, TOUTES LES BOÎTES. J'AI REGARDÉ PARTOUT. RIEN.

LE PLUS BIZARRE, C'EST QU'IL N'Y AVAIT NI PHOTOS, NI LETTRES, NI SOUVENIRS. LA PLUPART DES OBJETS ET DES MEUBLES SEMBLAIENT NEUFS.

C'EST ALORS QUE J'AI FAIT UNE DÉCOUVERTE FORMIDABLE, UNE DÉCOUVERTE QUE MÊME DANS MES RÊVES LES PLUS FOUS JE N'AVAIS JAMAIS OSÉ IMAGINER. AU FOND D'UNE GRANDE ARMOIRE, DERRIÈRE LES VÊTEMENTS, IL Y AVAIT UNE PORTE !

UNE PORTE PLUS PETITE QUI N'ÉTAIT PAS FERMÉE
À CLÉ. MON COEUR BATTAIT À TOUT
ROMPRE!...

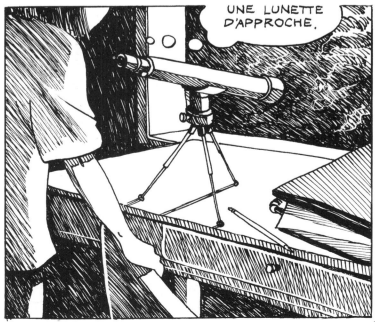

UNE LUNETTE
D'APPROCHE.

MAIS...
CE SONT EUX!
ILS REVIENNENT
DÉJÀ!

TU ME FAIS HONTE DE BOIRE AUTANT!... EN PLUS, JE DÉTESTE CONDUIRE LE SOIR!

JE HAIS LES SOUPERS DE FAMILLE...

OH! LE BÉBÉ!

BONSOIR, PAULINE! MAIS... FRANCK N'EST PAS COUCHÉ?

IL... IL NE S'ENDORMAIT PAS... JE...

SURTOUT PAS! JE LUI AI DIT QUE JE PRÉFÉRAIS MARCHER. ELLE N'A PAS INSISTÉ. EN FAIT, J'ÉTAIS RESTÉE SUR MA FAIM...

NOUS SOMMES REVENUS PLUS TÔT; MON MARI A... EST FATIGUÉ...

JE VAIS TE RECONDUIRE.

C'EST CETTE FENÊTRE, LÀ-BAS..

BLING! CLING!

C'EST VOUS? QU'EST-CE QUE VOUS FAITES?

PAULINE...

CE N'EST PAS UNE PENSION DE FAMILLE ICI...

EXCUSEZ-MOI, J'EN RACHÈTERAI D'AUTRES... J'AVAIS FAIM...

C'ÉTAIT POUR MA FILLE....

JE.... J'EN RACHÈTERAI D'AUTRES MADAME CLEMENTI...

CLIC!

MAIS NON; JE PEUX EN AVOIR TOUS LES JOURS...

VOUS REVENEZ DU THÉÂTRE? VOUS AVEZ BIEN JOUÉ?

BEN... JE NE SUIS PAS COMÉDIEN; VOUS NE LE SAVIEZ PAS? JE "JOUE" AU SPECTATEUR.

C'EST UN SPECTACLE HUMORISTIQUE; TOUS LES SOIRS, ILS FONT SEMBLANT DE PRENDRE QUELQU'UN AU HASARD DANS LA SALLE ET, ÉVIDEMMENT, C'EST MOI QU'ILS CHOISISSENT. COMME ÇA IL N'Y A AUCUN RISQUE, JE DONNE TOUJOURS LES MÊMES RÉPLIQUES...

MAIS, SI QUELQU'UN VOIT DEUX FOIS LA PIÈCE?

C'EST PAS MON PROBLÈME. ET PUIS, ÇA SE TERMINAIT CE SOIR. DE TOUTE FAÇON, C'EST PAS MON MÉTIER.

OUI, JE SAIS VOUS CONSTRUISEZ DES BATEAUX

J'EN CONSTRUIT PAS VRAIMENT...

JE TRAVAILLE À LA MARINA À CÔTÉ. J'ENTRETIENS LES BATEAUX. À L'OCCASION, J'EN PILOTE POUR LES TOURISTES.

MAIS JE NE FERAI PAS CE TRAVAIL TOUTE MA VIE... ENCORE SIX MOIS, PUIS JE PARS POUR UN AN OU DEUX...

- POUR ALLER OÙ ?
- TOUR DU MONDE.

HM! C'EST UN BEAU PROJET! MOI AUSSI, IL Y A LONGTEMPS QUE J'Y PENSE. JE N'AI PAS ENCORE EU L'OCCASION. PEUT-ÊTRE UN JOUR AVEC PAULINE... MAIS J'AI MA MAISON...

ET PUIS APRÈS...! UNE MAISON, C'EST PAS UNE PRISON!

JUSTEMENT, MA MAISON N'EST PAS COMME LES AUTRES...

AH BON...?

NE VOUS MOQUEZ PAS DE MOI. J'HABITE ICI DEPUIS MA NAISSANCE. MON PÈRE A BÂTI CETTE MAISON...

ET ALORS ?

ALORS JE SAIS MIEUX QUE QUICONQUE À QUEL POINT ELLE EST UNIQUE.

SUIVEZ-MOI, JE VAIS VOUS MONTRER QUELQUE CHOSE. QUELQUE CHOSE QUE PERSONNE N'A VU DEPUIS BIEN LONGTEMPS...

HUM.

FAÎTES ATTENTION, C'EST TRÈS À PIC.

... DEPUIS TRENTE ANS, ÇA N'A PAS FONCTIONNÉ.

MAIS... CE N'EST PAS POSSIBLE...!

MADAME CLEMENTI...

HEIN! QUAND JE VOUS DISAIS...

J'AI DÉCIDÉ DE TOUT REMETTRE EN MARCHE.

JE VAIS AVOIR BESOIN D'AIDE...

POURQUOI VOUS ME DEMANDEZ ÇA, À MOI?

VOUS CONNAISSEZ CE GENRE DE MÉCANIQUE, NON?

UN PEU, OUI...

DE TOUTE FAÇON, MADAME CLEMENTI, C'EST ABSURDE. COMMENT VOULEZ-VOUS QUE ÇA MARCHE, ON EST DANS UNE MAISON, NON?

BIEN SÛR! MAIS UNE MAISON DIFFÉREN-TE, NE VOUS L'AI-JE PAS DIT?

CHUT! QU'EST-CE QU'ON ENTEND?

CE DOIT ÊTRE VOTRE FILLE...

BAM

SRÉ

POUF

IMBÉCILE! JE SUIS UNE IMBÉCILE!

M'ENDORMIR SUR L'HERBE ALORS QU'IL Y A UN MYSTÈRE À PERCER!

ENCORE UNE CHANCE QU'ON NE M'AIT PAS VUE!... JE M'EN VEUX TELLEMENT! MAMAN EST VENUE ME PARLER MAIS JE NE L'ÉCOUTAIS QU'À MOITIÉ. JE N'AVAIS QU'UNE IDÉE EN TÊTE; RETOURNER CHEZ LES FONTAINE.

QU'EST-CE QU'ILS POUVAIENT BIEN OBSERVER AVEC LEUR LONGUE-VUE ? VRAIMENT, CES GENS M'IN-TRIGUAIENT ÉNORMÉMENT.

TOUTE LA SEMAINE, J'AI ATTENDU DE LEURS NOUVELLES. JE N'ARRIVAIS PAS À PENSER À AUTRE CHOSE. JE N'OSAIS PAS EN PARLER À QUI QUE CE SOIT; MA MÈRE M'AURAIT MAL JUGÉE, ALEX AURAIT VOULU M'ACCOMPAGNER...

ET PUIS, C'ÉTAIT <u>MA</u> DÉCOUVERTE, <u>MON</u> AVENTURE. POUR LE MOMENT, JE N'AVAIS PAS ENVIE DE LA PARTA-GER. LE VENDREDI, ENFIN, MADAME FONTAINE M'A DEMANDÉ SI JE POUVAIS À NOUVEAU M'OCCUPER DU PETIT FRANCK DANS LA SOIRÉE.

L'HEURE DE VÉRITÉ AVAIT SONNÉ! LA TÊTE ME TOURNAIT....

26

JE VAIS LES CHERCHER DEMAIN... JE NE PEUX PLUS AVANCER, IL ME MANQUE DES MORCEAUX.

....DE TOUTE FAÇON, ON SE FATIGUE POUR RIEN, ÇA FONCTIONNERA JAMAIS!...

VRAIMENT, VOUS M'EMBÊTEZ!...MAIS SI! ÇA MARCHERA! SI VOUS SAVIEZ TOUT LE CHEMIN PARCOURU DU TEMPS DE MON PÈRE....

JE VOUS DÉDOM-MAGERAI POUR LES HEURES QUE VOUS AUREZ TRAVAILLÉ.

NE REVENEZ PAS LÀ-DESSUS, MADAME CLEMENTI.

...PASSER MES SOIRÉES AVEC VOUS ME DÉDOMMAGE AMPLEMENT!

CLONG!

QU'EST-CE QUE C'EST?

ÇA VIENT DE L'EXTÉRIEUR!...

ET PUIS APRÈS...

JE...JE SUIS DÉSOLÉ, ÉMILIE...

TU ME DÉCOURAGES! DE QUOI AURONS-NOUS L'AIR SI ON NOUS SURPREND?!

POUR TOUT DIRE, JE COMMENCE À EN AVOIR PLEIN LE DOS DE TES EXCENTRICITÉS...

IL FAUT Y ALLER, LES DUROCHER VONT NOUS ATTENDRE...

C'EST INCROYABLE! ILS ME FONT GARDER LEUR EN-FANT POUR POUVOIR ESPIONNER CHEZ MOI!...

JE VAIS SÛREMENT TROUVER UNE EXPLICATION...

DES PHOTOS DE MA MAISON... MAIS QUI SONT CES GENS ? DES DÉTECTIVES ? DES AGENTS SECRETS ?

TIENS, MADAME FONTAINE AVEC SON BÉBÉ... DEVANT NOTRE MAISON... BIZARRE.

VOYONS, ÇA NE PEUT PAS ÊTRE SON BÉBÉ, ELLE EST BEAUCOUP TROP JEUNE

ET ICI, DERRIÈRE LA PORTE, ON DIRAIT... ON DIRAIT MON PÈRE ?

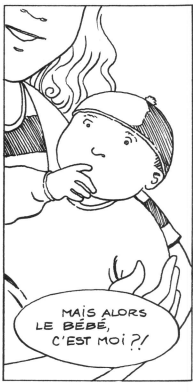

MAIS ALORS LE BÉBÉ, C'EST MOI ?!

QUI EST DONC CETTE FEMME ?

BOM!

TOI, PAR CONTRE ON NE T'A RIEN DEMANDÉ...

OOUAAAH!

28

QUEL ÉTAIT CE SECRET QU'ON M'AVAIT CACHÉ TOUTE MA VIE ?... MA MÈRE N'ÉTAIT PEUT-ÊTRE PAS MA VRAIE MÈRE...

DÉJÀ QUE JE N'AI PAS CONNU MON PÈRE... MAIS NON, C'EST IMPOSSIBLE! J'AI VU LES PHOTOS DU MARIAGE DE MES PARENTS, MA MÈRE M'A SOUVENT PARLÉ DE MA NAISSANCE... POURQUOI ON M'AURAIT MENTI ?

J'AI EU BEAU CHERCHER DES INDICES, DES RÉPONSES, JE N'AI RIEN TROUVÉ QUI PUISSE M'ÉCLAIRER. QUAND LES FONTAINE SONT REVENUS, JE BRÛLAIS DE LEUR POSER LES MILLE QUESTIONS QUE J'AVAIS EN TÊTE... MAIS COMMENT M'Y PRENDRE SANS ÉVEILLER LEURS SOUPÇONS.

SI J'OSAIS, JE LUI DEMANDERAIS...

JE N'AVAIS PAS À M'EN FAIRE, TROIS JOURS PLUS TARD, DANS LA NUIT DU 12 AU 13, J'ALLAIS TOUT APPRENDRE....

TOUTE LA FIN DE SEMAINE JE ME SUIS TOURNÉ ET RETOURNÉ LES IDÉES. J'AURAIS PEUT-ÊTRE DÛ EN PARLER À MA MÈRE, J'AURAIS APPRIS LA VÉRITÉ DE SA BOUCHE... ENFIN...

LE LUNDI SOIR, JE RETOURNAIS CHEZ LES FONTAINE, SUR INVITATION NATURELLEMENT, BIEN DÉCIDÉE À Y VOIR CLAIR.

MAINTENANT JE FAIS LE TOUR, SYSTÉMATIQUEMENT.

DANS LES CHAMBRES, RIEN. DANS LA CUISINE, RIEN. TOUTE LA MAISON RESPIRAIT L'HONNÊTETÉ.

JE SUIS ALORS RETOURNÉE DANS LA PETITE PIÈCE À LA LONGUE-VUE...

DES LIVRES SCIENTIFIQUES ...BIZARRE...!

ET PUIS, À TOUT HASARD, J'AI REGARDÉ PAR LA LUNETTE...

HO!

MAIS!? C'EST MAMAN!
QU'EST-CE QU'ELLE FAIT
EN JUPON SUR LE BALCON?
...UNE CHANCE, IL FAIT NOIR!

À CE MOMENT, J'AI EU L'IMPRESSION QUE TOUT LE MONDE
VIVAIT DANS MON DOS...

ET JE ME SUIS SENTIE TRÈS SEULE...

TIENS,
IL PLEUT!

OUI,
RENTRONS.

D'AILLEURS JE VOU-
LAIS TE DEMANDER;
JE... J'AI TROUVÉ
QUELQUE CHOSE
DANS LA CAVE...

QUOI DONC ?

VIENS VOIR.

OH !
LES VOILÀ !
VITE...!

ZZZZZZZ

BONSOIR PAULINE! ALORS, PAS DE PROBLÈME AVEC FRANCK?

NON, NON, PAS DE PROBLÈME... IL... IL DORT...

MON DIEU! LE BÉBÉ!

IL FALLAIT TROUVER UNE SOLUTION...

J'AURAIS PU AGIR PLUS SIMPLEMENT, TOUT RACONTER À MADAME FONTAINE... MAIS JE N'ÉTAIS PAS TELLEMENT DANS MON ASSIETTE...

JE VAIS RÉCUPÉRER LE BÉBÉ...

ENSUITE, J'IRAI LE PORTER DANS SA CHAMBRE.

JE N'AURAI PAS DE DIFFICULTÉ...

OOH!
JE VAIS TOMBER!
COMME DANS MON
RÊVE... C'ÉTAIT
PRÉMONITOIRE!

PAULINE!
N'AIE PAS
PEUR!

GILBERT
VA T'ATTRAPER...
LAISSE-TOI TOMBER...

C'ÉTAIT ENROULÉ AUTOUR DE L'HÉLICE DE VENTILATION... ATTENDS, JE L'AI MIS ICI...

OH, JE SAIS CE QUE C'EST...

DES CHEVEUX, HEIN ?

OUI, DE LONGS CHEVEUX BLONDS...

ÇA DOIT FAIRE 14... NON, 13 ANS; PAULINE ÉTAIT BÉBÉ... JE PEUX BIEN TE RACONTER...

AINSI TU AS TROUVÉ LA PETITE PIÈCE "SECRÈTE"..

J'AI RIEN FAIT DE MAL...!

CE N'EST PAS UN REPROCHE... J'ÉTAIS AUSSI TRÈS CURIEUSE À TON ÂGE.

TU SAIS QUE JE T'AI CONNUE IL Y A LONGTEMPS ?

J'AI VU UNE PHOTO, MAIS...

JE T'AI GARDÉE QUAND TU ÉTAIS BÉBÉ.

C'EST DONC ÇA

POURQUOI VOUS NOUS ESPIONNEZ ?

JE NE VOUS ESPIONNE PAS. JE CHERCHE UNE RÉPONSE À UNE QUESTION QUI M'OBSÈDE DEPUIS PLUS DE DIX ANS...MAIS, VOIS-TU, JE NE PEUX PAS ALLER SONNER CHEZ TOI ET DEMANDER À TA MÈRE OU À TOI...

DEMANDER QUOI ?

TA MÈRE T'A DIT POURQUOI ILS S'ÉTAIENT QUITTÉS ?

ILS...ILS NE S'ENTENDAIENT PLUS.

ATTENDS, JE VAIS T'EXPLIQUER TU TE SOUVIENS DE TON PÈRE ?

IL EST PARTI QUAND J'AVAIS UN AN.

ELLE A EU UNE AVENTURE AVEC MON PÈRE !

BON, JE VAIS ME COUCHER. TU M'EXCUSERAS, PAULINE, MAIS JE LA CONNAIS L'HISTOIRE...

TON PÈRE ÉTAIT ASSEZ SÉDUISANT. MALGRÉ LE FAIT QU'IL ÉTAIT MARIÉ À UNE TRÈS BELLE FEMME, IL NE POUVAIT S'EMPÊCHER D'ÉPROUVER SON CHARME SUR LES AUTRES.

IL TROMPAIT MA MÈRE ?

JE N'AI JAMAIS TOUT SU, MAIS ÇA SE DISAIT.... ENFIN... JE T'AI DIT QUE J'ÉTAIS CURIEUSE; QUAND J'ALLAIS CHEZ LES GENS GARDER LEURS ENFANTS, J'AIMAIS BIEN EXPLORER UN PEU LEUR MAISON. UN SOIR QUE J'ÉTAIS CHEZ TOI, JE SUIS DESCENDUE À LA CAVE. TA MÈRE ÉTAIT ENCORE MANNEQUIN À L'ÉPOQUE ET PARTICIPAIT À DES DÉFILÉS DE MODE. J'AI DÉCOUVERT LES MACHINES EXTRAORDINAIRES QU'IL Y A LÀ...

C'ÉTAIT DE GROSSES MACHINES LUISANTES ET GRAISSEUSES COMME JE N'EN AVAIS ENCORE JA-
MAIS VU. J'ÉTAIS FASCINÉE. JE N'AI PAS ENTENDU TON PÈRE QUI DESCENDAIT...

TU RÊVES
LA BELLE
ÉMILIE?

J'ÉTAIS TRÈS MAL À L'AISE,
JE ME SENTAIS PRISE SUR
LE FAIT...

JE...JE ME DE-
MANDAIS QUEL
GENRE DE MACHI-
NES C'ÉTAIT.

JE N'EN
AI JAMAIS
VU DE
PAREILLES
....

JE COMPRENDS BIEN QUE
TU N'EN AIES JA-
MAIS VU DE
PAREILLES DANS
UNE MAISON...

C'EST UNE MAISON
TRÈS SPÉCIALE ICI, LE
SAIS-TU? IL NE FAUDRAIT
SURTOUT PAS LES REMET-
TRE EN MARCHE...MA FEMME
SERAIT TRÈS CONTRARIÉE!

CETTE MAISON ÉTAIT À SES
PARENTS. JE CROIS QUE SON
PÈRE A PLUS OU MOINS TOUT
CONSTRUIT DE SES MAINS...

HM!...C'EST
INCROYABLE
COMME LES
MAINS DES JEU-
NES FILLES
SONT FINES!

IL Y A
QUELQU'UN?

QU'EST-CE QUE TU FAIS ICI, HUGO ? LE BÉBÉ EST TOUT SEUL EN HAUT...

VOUS M'AVEZ FAIT PEUR ! J'ENTENDAIS DES VOIX... J'IMAGINAIS LE PIRE !...

TOUT VA BIEN, ANNA, RASSURE-TOI... ON DISCUTAIT ...

VOUS DISCUTIEZ, HEIN ? TU N'AS PAS HONTE, UNE TOUTE JEUNE FILLE !

EH, DOUCEMENT !

PRENDS GARDE HUGO, JE SUIS DOUCE, MAIS UN JOUR J'AI PEUR DE PERDRE LE CONTRÔLE... TROP DE CHOSES S'ACCUMULENT...

ANNA, LAISSE CE COUTEAU, C'EST RIDICULE !...

AAAAAAH !

PFUU! JUSTE À TEMPS HEIN?

OUI, MAIS TROP TARD POUR NOUS...

ANNA, JE...

VA T'EN, HUGO, TU BRISES MA VIE!

C'ÉTAIT L'OCCASION QU'IL ATTENDAIT.

IL N'EST JAMAIS REVENU, MÊME POUR PAULINE...

TU REGRETTES ?

AUJOURD'HUI, NON. MAIS JE ME SUIS ENNUYÉE UN CERTAIN TEMPS...

ET MAINTENANT, JE SUIS LÀ... MOI, IL Y A UNE CHOSE QUE JE REGRETTE.

DE NE PAS AVOIR VOYAGÉ ?

NON; DE NE PAS AVOIR ÉTUDIÉ LONGTEMPS.

POURQUOI PENSES-TU QUE J'AI TOUS CES LIVRES ? J'ESSAIE DE COMPENSER...

VOYONS! IL N'EST JAMAIS TROP TARD POUR RETOURNER À L'ÉCOLE !

IL FAUT QUE JE GAGNE MA VIE...

TU M'AIDES DANS MON PROJET, JE PEUX BIEN T'AIDER À MON TOUR...

J'AI VRAIMENT EU LA PEUR DE MA VIE ! D'AILLEURS, DEPUIS CE TEMPS, JE PORTE LES CHEVEUX COURTS.

ON VERRA... MAIS JE TE REMERCIE, ANNA.

JE N'AI JAMAIS COMPRIS COMMENT MES CHEVEUX AVAIENT PU ÊTRE ASPIRÉS.

MAIS NON! J'AI TRAVAILLÉ AUX ÉTATS-UNIS PENDANT QUELQUES ANNÉES. GILBERT ET MOI AVONS ACHETÉ LA MAISON, IL Y A QUELQUES MOIS, APRÈS LA NAISSANCE DE FRANCK. J'AVOUE QUE C'EST MOI QUI AI INSISTÉ POUR REVENIR DANS LE QUARTIER.

DEPUIS TOUT CE TEMPS VOUS NOUS ESPIONNEZ ?!

JE CROISE TA MÈRE À L'OCCASION, JE NE CROIS PAS QU'ELLE ME RECONNAISSE... MAINTENANT, PAULINE, JE T'AI TOUT RACONTÉ, C'EST À TOI DE ME DIRE...

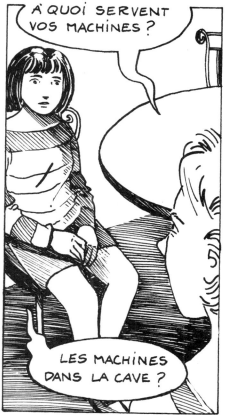

À QUOI SERVENT VOS MACHINES ?

LES MACHINES DANS LA CAVE ?

C'EST PARCE QUE LA MAISON N'A PAS TOUJOURS ÉTÉ UNE MAISON; C'EST AUSSI UN BATEAU.

UN BATEAU ?

QUAND LES PARENTS DE MA MÈRE SONT ARRIVÉS ICI, ILS ONT ACHETÉ LE TERRAIN ET SE SONT INSTALLÉS. LE BATEAU EST DEVENU LEUR MAISON.

C'EST EXTRAOR-DINAIRE! SI TU SAVAIS TOUT CE QUE JE M'ÉTAIS IMAGINÉ!!

MAIS ALORS, DEPUIS DIX JOURS, TA MÈRE ET LE LOCATAIRE TRAVAIL-LERAIENT À REMETTRE LES MACHI-NES EN MARCHE?! VOUS ALLEZ DONC PARTIR?

NOUS ALLIONS DONC PARTIR! JE CROYAIS ME SOUVENIR QUE MA MÈRE M'EN AVAIT PARLÉ, MAIS JE N'ÉCOUTAIS QU'À MOITIÉ...

PARTIR POUR OÙ? POUR COMBIEN DE TEMPS? IL ME RESTE ENCORE UN MOIS D'ÉCOLE... MAIS PEUT-ÊTRE N'A-T-ELLE PAS PRÉVU DE M'EMMENER...

PAULINE!

42

CE MATIN ON A FAIT LE PLEIN DE MAZOUT, ON DOIT PARTIR CETTE NUIT.
JE N'AI PAS PU PARTICIPER BEAUCOUP AUX PRÉPARATIFS À CAUSE DES EXAMENS DE FIN D'ANNÉE,
MAIS J'AI QUAND MÊME AIDÉ UN PEU.

NOUS AVONS DÉCIDÉ DE PARTIR LORSQU'IL
FERA NOIR POUR NE PAS ATTIRER L'ATTEN-
TION.

NOUS ALLONS DESCENDRE LA RIVIÈRE JUS-
QU'AU FLEUVE, PUIS JUSQU'À L'EMBOUCHURE,
SI TOUT VA BIEN. J'AI FAIT PROVISION DE
PAPIER À LETTRES POUR ÉCRIRE À ALEX-
APRÈS TOUT, C'EST MON SEUL AMI - ET AUSSI
À MADAME FONTAINE.

SUR NOTRE ITINÉRAIRE, IL Y A PLUSIEURS ESCALES DE PRÉVUES. PAS SEULEMENT POUR DES
RAISONS TECHNIQUES, MAIS PARCE QU'ON VEUT VOIR DU PAYS.

J'AI ESSAYÉ DE ME REPOSER, MAIS J'AI ÉTÉ IN-
CAPABLE DE ME DÉTENDRE. EN FAIT, JE N'EN
AI PARLÉ À PERSONNE, J'AI LA HANTISE QUE LA
MAISON PRENNE L'EAU. APRÈS TOUT, IL Y A
PLUS DE TRENTE ANS QU'ELLE N'A PAS BOUGÉ...

ET PUIS, LES MACHINES ONT COMMENCÉ
À TOURNER ET JE NE SUIS PAS ENCORE
HABITUÉE AU BRUIT.

IL ÉTAIT PASSÉ MINUIT QUAND LA MAISON S'EST MISE EN BRANLE.

UNE FOIS LES VANNES RELEVÉES, LES TRANCHÉES S'EMPLIRENT D'EAU EN UNE FRACTION DE SECONDE. DOUCEMENT, LA MAISON S'EST AVANCÉE SUR L'EAU.

TU VOIS, PAULINE, AU FOND C'EST GRÂCE À TOI QU'ON FAIT CE VOYAGE. AU DÉBUT, JE ME DISAIS QUE C'ÉTAIT UNE BONNE FAÇON D'ÊTRE ENSEMBLE. TU N'ÉTAIS JAMAIS À LA MAISON, ON NE SE PARLAIT PRESQUE PAS...

J'ESPÈRE NE PAS TROP GÊNER...

OH! VOYONS!

LES CHOSES ONT CHANGÉ MAINTENANT... POUR LE MIEUX!

C'EST VRAI, LES CHOSES ONT CHANGÉ! LE VOYAGE EST PASSIONNANT, ON EST TOUS HEUREUX. ET PUIS, ON NE PASSE PAS INAPERÇUS AVEC NOTRE BATEAU; À CHAQUE ESCALE LES GENS NOUS ATTENDENT ET NOUS REÇOIVENT CHEZ EUX. C'EST UN BEL ÉTÉ QUI S'ANNONCE.

un bel été qui s'annon

FIN

Autres bandes dessinées aux Éditions Kami-Case

Les Momie's
Philippe Chauveau et Rémy Simard

Gilles et la jungle contre Méchant-Man
Claude Cloutier

Ma Meteor bleue
Caroline Merola

Pauvres riches et autres contradictions
Garnotte

Achevé d'imprimer en mars 1994
sur les presses de l'imprimerie Renaissance
à Québec